10 Short l
from Italy

Mirea Gibilaro

CONTENUTI - *CONTENTS*

Sono Mirea Gibilaro, e sono un'insegnante certificata di italiano. Insegno la lingua italiana e la cultura agli stranieri dal 2019. Adoro insegnare e condividere la mia lingua e la mia cultura! In questo libro ho raccolto alcune leggende italiane per condividerle con voi e spero di ispirarvi e darvi dei buoni motivi per visitare l'Italia! Credo che questo libro sia utile se state imparando l'italiano e volete migliorare il vostro vocabolario, poiché potete trovare anche il testo a fronte. Allo stesso tempo credo che sia interessante anche se non state studiando italiano, ma volete scoprire delle leggende italiane. Alla fine di ogni leggenda potete trovare alcuni esercizi per migliorare il vostro vocabolario italiano, mentre imparate qualcosa di nuovo ed entusiasmante! Spero vi piacerà leggere queste particolari storie! Grazie davvero per aver scelto di leggerle!
Seguitemi su Instagram! @LEARNANDLOVEITALIAN

I am Mirea Gibilaro, and I am an Italian certified teacher. I have been teaching the Italian language and culture to foreigners since 2019. I love teaching and sharing my language and culture! In this book I've gathered together some Italian legends to share with you all and I hope I've given you even more reason to come visit Italy! I believe this book will be helpful to you if you are learning Italian and you want to improve your vocabulary, as I've written it in both Italian and English. At the same time though I hope you find it useful even if you are not learning to speak Italian and just wish to know more of some legends from my culture. At the end of each legend you will find some exercises to help strengthen your Italian vocabulary, all while learning something new and exciting! I hope you enjoy reading these unique stories! Thank you so much for reading it!

Follow me on Instagram! @LEARNANDLOVEITALIAN

Qui potete trovare una mappa con le città e la regione nominate in questo libro.

Here you can find a map with the cities and the region named in this book.

Come usare questo libro!
How to use this book!

Qr code

per l'audiolibro

for the audiobook

Testo in italiano *Text in Italian*	Testo in inglese *Text in English*

1. LA LEGGENDA DEL MUNACIELLO

Siamo a Napoli, e la parola "Munaciello" significa "piccolo monaco", ed infatti questa figura è un piccolo ragazzo, come uno gnomo, che indossa un saio e un paio di scarpe con delle fibbie argentate.

La leggenda racconta che questa anima può essere un po' dispettosa, rompendo piatti o nascondendo degli oggetti (vi ricordate quel calzino che dopo aver fatto la lavatrice non avete più trovato? Ecco, a Napoli direbbero che è stato il Munaciello a portarselo via!!), ma anche generosa, lasciando monete nelle case dei napoletani. E' chiamato anche "lo spirito della casa" perché si manifesta, appunto, solo nelle case.

Per quanto riguarda la sua origine, ci sono diverse storie e credenze.

Alcuni dicono che il Munaciello è semplicemente un "pozzaro", una persona che nel passato era conosciuta per la gestione e la manutenzione delle fogne napoletane, che era chiamato dalle famiglie in caso di bisogno, e che spesso capitava spontaneamente nelle case perché per risalire dal sottosuolo entrava nelle case, e in queste occasioni scroccava uno spuntino o un oggetto di valore, oppure si dimenticava qualcosa. Anche l'abbigliamento dei pozzari è compatibile con quello del Munaciello: infatti, i primi indossavano un mantello, simile ad un saio. Per alcuni si tratta semplicemente di un demone.

Altri, invece, dicono che è il frutto di un amore proibito del XV secolo. All'epoca infatti, due ragazzi, Caterina Frezza, che veniva da una ricca famiglia, e Stefano Mariconda, che invece aveva umili origini, si incontravano di nascosto, fino a quando un giorno Stefano, è stato spinto da un tetto mentre andava dalla fidanzata, ed è morto.

Caterina era incinta, e per essere protetta e accudita, è stata portata in un convento, dove nasce un bambino deforme, che la mamma vestiva con un saio, l'unico abito maschile presente nel convento. Con il tempo, questo bambino entra nella società

We are in Naples, and the word *Munaciello* means "little monk". This character is a short guy, like a gnome, and he wears a tunic and shoes with silver buckles.

The legend says that this character can be a bit annoying, breaking dishes or hiding objects (do you remember that sock you could not find after doing your laundry? In Naples they would say it's Munaciello's fault!) He can, however, also be generous, leaving coins around the house. He is also called "the spirit of the house" because he appears only in houses.

Regarding his origins, there are different stories and beliefs. Some people say he is just a *pozzaro*, a person who in the past was known for the management and maintenance of the Neapolitan sewers, who was called by families in case of need, and who often appeared spontaneously in houses when coming up from underground. On these occasions he would steal a snack or a valuable object, or leave some small item lying around. Pozzari's clothes are also similar to those of Munaciello: in fact, they both wore cloaks, similar to a tunic. For some he is just a demon.

However, others say he is the result of forbidden love in the 15th century. Back in the day, two young people, Caterina Frezza, who came from a wealthy family, and Stefano Mariconda, who had humble beginnings, were meeting each other secretly, until one day Stefano was pushed off a roof on his way to his girlfriend, and he died. Catherine was pregnant, and in order to be protected and cared for, she was taken to a convent, where a deformed child was born. The mother dressed him in a tunic, the only male clothes in the convent. Later, this child entered society

ed è deriso da tutti per il suo corpo, fino a quando muore in circostanze misteriose, ma continua ad essere visto per le strade di Napoli.

E voi, a quale storia sull'origine del Munaciello credete di più?

and he was mocked by everyone for his body, until he died under mysterious circumstances, but he continued to be seen on the streets of Naples.

And you, which Munaciello origin story do you believe?

LA LEGGENDA DEL MUNACIELLO - esercizi

Alla fine del libro troverete le risposte corrette.

At the end of the book, you will find the correct answers.

ESERCIZIO 1: Completa con le seguenti parole: gestione, manutenzione, fogne, sottosuolo, tetto.

Complete with the following words: gestione, manutenzione, fogne, sottosuolo, tetto.

1. I pozzari sono persone che nel passato salivano dal ...., e rubavano o dimenticavano degli oggetti in giro per casa. All'epoca, questa figura lavorava nelle ...., e si occupava della .... e .... di esse.

2. Il presunto papà del Munaciello purtroppo è morto a causa di una caduta dal .... mentre stava andando dalla sua fidanzata.

ESERCIZIO 2: Sottolinea le parole che riguardano l'abbigliamento.

Underline the words about clothes.

Gnomo, saio, piatti, monete, spuntino, mantello, abito.

ESERCIZIO 3: Completa il cruciverba, con le lettere evidenziate scoprirai il nome di uno street food tipico di Napoli.

Complete the crossword puzzle. With the highlighted letters, you will discover the name of a typical street food in Naples.

1. Il Munaciello è anche chiamato "Lo spirito della ....".
2. Stefano Mariconda aveva .... origini.
3. Due scarpe sono un .... di scarpe.
4. Il nome della persona che era conosciuta per la gestione e la manutenzione delle fogne napoletane.
5. Il contrario (: *opposite*) di grande.
6. Dove va Caterina quando è incinta? In ....

SOLUZIONE: ………………….…..: è un cono di carta riempito con verdure fritte e/o pesce fritto. (: *it's a paper cone filled with fried vegetables and/or fried fish*).

ESERCIZIO 4: Collega i verbi che hanno lo stesso significato.

Connect the verbs with the same meaning.

1. Scroccare   A. Scordarsi

2. Manifestarsi   B. Vedersi

3. Dimenticarsi   C. Mostrarsi

4. Incontrarsi   D. Rubare

ESERCIZIO 5: Completa con le preposizioni corrette.

(di, a, da, in, con, su, per, tra/fra)

Complete with the correct prepositions.

1. Il Munaciello può rubare oggetti ……. valore.

2. ……. alcuni il Munaciello è un demone.

3. Il bambino è vestito con un abito ……. prete.

4. Il Munaciello è ……. Napoli.

Attenzione! *Be careful!* Diciamo "a Napoli" o "in Napoli"? *Do we say "a Napoli" or "in Napoli"?*

"A Napoli"! Perché? *Why?*

Usiamo A + città e IN + stato/regione.

We use A + city and IN + state/country/region.

Ad esempio: *For exemple:*

Vado a Milano (*I go to Milan*).

Vengo in Italia (*I come to Italy*).

Facciamo un po' di pratica: *Let's practise a bit!*

ESERCIZIO 6: Completa con A o IN.

Complete with A or IN.

1. Luca e Virginia vanno ……. Crozia. (*Luca and Virginia go to Croatia*).

2. Dopo le vacanze, andrò ……. Roma. (*After the holidays I will go to Rome*).

3. Sono ……. Torino, vicino al Museo del Cinema. (*I'm in Turin, close to the Museum of Cinema*).

4. Prima andremo ……. Sicilia e poi verremo ……. Venezia. (*Before we will go to Sicily and then we will come to Venice*).

2. LA LEGGENDA DEL LAURIEDDHU

Siamo in Salento, la parte più a sud della Puglia, e il Laurieddhu è un <u>folletto</u> dispettoso, simile al Munaciello, ma con alcune particolarità. Innanzitutto, ha delle sembianze diverse dallo spiritello precedente, ha le orecchie a punta e un cappello a punta, ed è alto come un bambino di tre anni. Oltre ai <u>dispetti</u>, fatti anche dal Munaciello, lui è conosciuto anche per saltare sulla pancia delle persone addormentate, facendo perdere il fiato alle sue "vittime", che però potrebbero rubargli il cappello e a questo punto il Laurieddhu, al fine di riaverlo, può dare la possibilità alla persona di esprimere un desiderio, ma al contrario: se si desidera qualcosa di valore, ad esempio, si ricevono <u>pietre</u> e viceversa. E questi desideri sono nascosti in un posto che il Laurieddhu indica.

Il fatto che il folletto dia la possibilità di trovare tesori di questo tipo è probabilmente da ricondurre all'abitudine dei tempi passati di nascondere monete nelle <u>pentole</u>, che poi nascondevano in luoghi segreti o in spazi invisibili nei muri delle case. E, inoltre, la leggenda dice che non bisogna ridare il cappello immediatamente al Laurieddhu, ma solamente dopo aver trovato il "tesoro". Quale personaggio delle leggende preferite, il Munaciello o il Laurieddhu?

We are in Salento, in the southern part of Apulia, and Laurieddhu is an annoying pixie, similar to Munaciello, but with some other traits. First of all, he is physically different from the previous character; he has pointed ears and a pointed hat, and he is as tall as a three-year-old child. In addition to giving nasty surprises, as Munaciello does, he is also known to jump on the belly of sleeping people, causing his victims to lose their breath, but they can steal his hat, and in order to have it back, Laurieddhu can give the person a chance to make a wish, but in reverse: if you wish for something valuable, for example, you receive stones, and vice versa. These wishes are hidden in a place that Laurieddhu points to.

The fact that the pixie gives the possibility of finding such treasures can probably be traced back to the custom in earlier times of placing coins in pots, which they then hid in secret places or invisible spaces in the walls of houses. Also, the legend says that one should not give the hat back to Laurieddhu immediately, but only after finding the "treasure."

Which character from the legends do you prefer: Munaciello or Laurieddhu?

LA LEGGENDA DEL LAURIEDDHU - esercizi

ESERCIZIO 1: Completa con le seguenti parole: folletti, dispetti, pietre, pentole.

Complete with the following words: folletti, dispetti, pietre, pentole.

1. ....: sono degli utensili utilizzati in cucina per cucinare, ad esempio, la pasta.

2. ....: sono delle azioni fastidiose.

3. ....: potete trovarle durante una passeggiata in montagna.

4. ....: sono dei personaggi inventati che di solito troviamo nelle storie dei bambini.

ESERCIZIO 2: Vero o falso?

True or false?

1. Il Laurieddhu ha le stesse caratteristiche fisiche del Munaciello.

VERO FALSO

2. Il Laurieddhu sveglia le persone addormentate.

VERO FALSO

3. Si può rubare il cappello al Laurieddhu e lui realizza un desiderio della "vittima".

VERO FALSO

4. Nel passato le persone non nascondevano niente di valore altrimenti lo avrebbero perso.

VERO FALSO

ESERCIZIO 3: Sottolinea le parole che riguardano il corpo.

Underline the words related to the body.

Orecchie, bambino, pancia, desiderio, tesoro.

ESERCIZIO 4: Completa con i seguenti avverbi: innanzitutto, oltre alla, ad esempio, inoltre.

Complete with the following adverbs: oltre alla, ad esempio, innanzitutto, inoltre.

LA CUCINA SALENTINA

...................., la cucina salentina è famosa in Italia per la sua ricchezza di sapori e tradizioni. ...., uno dei piatti più noti è la puccia salentina, un panino ripieno di vari ingredienti come pomodori, mozzarella e verdure.

.... puccia, la cucina salentina offre una vasta gamma di piatti a base di pesce fresco e frutti di mare, grazie alla sua posizione vicino al mare.

...................., i dolci tradizionali salentini, come il pasticciotto e il dolce tipico "pitta di patate", sono imperdibili per chi visita questa regione del sud Italia.

ESERCIZIO 5: Collega le espressioni.

Connect the expressions.

1. Cappello   A. Il fiato
2. Perdere   B. Un desiderio
3. Esprimere   C. La possibilità
4. Dare   D. A punta

ESERCIZIO 6: Riordina le frasi.

Rearrange the sentences.

1. Viene, Laurieddhu, Salento, dal, il.

....

2. Puglia, il, sud, parte, a, la, della, è, Salento, più.

....

3. Spiagge, Salento, delle, magnifiche, il, ha.

....

4. Salentina, le, sagne, pasta, tipo, di, sono, un.

....

5. Ulivi, campi, di, Salento, in, sono, ci, tanti.

....

3. LE LEGGENDE SULLA FONTANA DI TREVI

Siamo a Roma, e la Fontana di Trevi è uno dei monumenti più famosi della capitale italiana, e non solo: è anche la fontana più grande di Roma, infatti è alta 26 metri e larga 20 metri, e prende il nome di Trevi perché si trova all'incrocio di tre vie.

Ci sono diverse leggende sulla Fontana di Trevi e, prima fra tutte, troviamo quella della monetina. Infatti, si dice che, se si lancia una monetina di spalle rispetto alla fontana, con gli occhi chiusi e con la mano destra sulla spalla sinistra, si tornerà sicuramente a Roma.

Oppure altri raccontano un'altra versione di questa leggenda, perché dicono che le monete debbano essere tre: una per il ritorno a Roma, una per l'incontro dell'amore della vita e una per il matrimonio.

Ma vi siete mai chiesti dove finiscono i soldi buttati nella Fontana e soprattutto, quanti sono? Si dice che siano, all'incirca, 3000 euro al giorno, e questi soldi vengono dati in beneficienza alla Caritas, che è un'organizzazione, legata alla Chiesa, che promuove la carità e aiuta chi è in difficoltà. La seconda leggenda, invece, è legata un po' alla grandezza di questa fontana: perché infatti, questa fontana è talmente grande, che ospita una seconda fontana, chiamata "La Fontana degli Innamorati", che è una piccola vasca con due parti da cui esce l'acqua, e la leggenda racconta che le coppie che bevono quest'acqua avranno amore eterno.

Un'altra storia è quella legata al vaso in travertino (il travertino è un tipo di roccia), e questo vaso fa parte della Fontana di Trevi, e lo trovate sul lato destro se avete davanti a voi la fontana. E qual è la funzione di questo vaso? La leggenda dice che è stato messo dall'architetto Nicola Salvi, che è il padre del progetto della fontana, per impedire la vista della fontana ad un barbiere, che aveva il negozio di fronte alla fontana, perché questo continuava a criticare il suo lavoro. E voi, avete mai visitato la Fontana di Trevi?

We are in Rome, and the Trevi Fountain is one of the most famous monuments of the Italian capital, and more: it's also the biggest fountain in Rome at 85 feet high and 65 feet wide, and it is called Trevi because it is located at the <u>intersection</u> of three <u>streets</u>.

There are several legends about the Trevi Fountain and, first among them, we find the one about the coins. In fact, it is said that if you throw a coin with your back to the fountain, with your eyes closed and your right hand on your left shoulder, you will surely return to Rome. Or others tell another version of this legend. They say that there should be three coins: one for returning to Rome, one for meeting the love of life, and one for <u>marriage</u>.

But have you ever wondered where the money thrown into the fountain ends up and above all, how much gets thrown in there? It is said to be approximately US$ 3225 a day, and this money is given to Caritas, an organization linked to the Church, that promotes charity and helps those in need. The second legend, on the other hand, relates to the size of this fountainIt is so big that it contains a second fountain, called "The Fountain of the Lovers," which is a small <u>basin</u> with two parts from which water comes out. The legend says that couples who drink this water will have eternal love.

Another story is related to the travertine vase (travertine is a type of rock). This vase is part of the Trevi Fountain, and you can find it on the right side as you face the fountain.The legend says it was put there by the designer of the fountain, the architect Nicola Salvi, to prevent a barber from seeing the fountain because the barber had his shop there and he kept criticizing Salvi's work.

What about you, have you ever visited the Trevi Fountain?

LE LEGGENDE SULLA FONTANA DI TREVI - esercizi

ESERCIZIO 1: Completa con le seguenti parole: incrocio, vie, matrimonio, vasca.

Complete with the following words: incrocio, vie, matrimonio, vasca.

1. Quando due persone si amano hanno un ....

2. Quando due .... si incontrano creano un ....

3. Quando vogliamo lavare un cane piccolo possiamo usare una

....

ESERCIZIO 2: Completa il cruciverba, con le lettere evidenziate scoprirai il nome di un cantante romano.

Complete the crossword puzzle. With the highlighted letters, you will discover the name of a singer from Rome.

1. La seconda fontana dentro alla Fontana di Trevi si chiama "Fontana degli

.....................".

2. Nicola Salvi era un ....

3. E' un tipo di roccia nominato nel testo.

4. Un sinonimo di "molto" che inizia con "t".

5. Che lavoro fa la persona che critica il lavoro di Nicola Salvi?

6. Viene dopo lunedì.

7. Il plurale di "famoso".

8. Il verbo "bevono" alla forma infinita.

9. Piccola moneta.

Il nome del cantante è ....

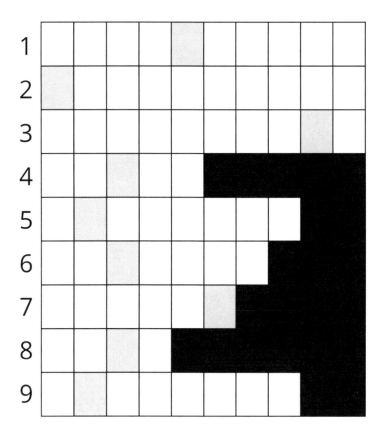

ESERCIZIO 3: Completa con la preposizione corretta.

Complete with the correct preposition.

LA CUCINA ROMANA

Roma è una città grande che offre tanti punti …… interesse da visitare, e anche tante cosa buone …… mangiare!! Dovete assolutamente fare colazione con un maritozzo, un dolce tipico …… Capitale, e a pranzo la pasta è d'obbligo! Ma Roma è famosa anche …… la cucina ebraico romana, che è un mix …… due cucine e uno …… piatti più buoni è senza dubbio il carciofo alla Giuria, …… mangiare come antipasto, prima, magari, di una buona cacio e pepe.

Attenzione! *Be careful!* Diciamo "cose buone DA mangiare". *We say* "cose buone DA mangiare"!

Perché usiamo: parola + DA + funzione della parola

We use: word + DA + function of the word

Per esempio: *For example:*

Vorrei qualcosa da bere (*I would like something to drink*)

Sto cercando un film da guardare stasera (*I'm looking for a movie to watch this evening*).

ESERCIZIO 4: Vero o falso?

True or false?

1. Bisogna tirare una monetine nella Fontana di Trevi tenendo la mano sinistra sulla spalla destra.

VERO FALSO

2. Al mese si raccolgono circa 3000 euro in monete prese dalla Fontana di Trevi.

VERO FALSO

3. Il travertino è un tipo di roccia.

VERO FALSO

4. Se una coppia beve dalla Fontana degli Innamorati avrà amore eterno.

VERO FALSO

ESERCIZIO 5: Completa con la risposta corretta e scopri alcuni modi di dire romani!

Complete with the correct answer and discover some idioms from Rome!

A/IN Roma ci sono DALLE/DELLE espressioni idiomatiche tipiche: la prima, forse la più famosa è "daje" A/DA usare un po' come usiamo "dai!", per incitare o incoraggiare qualcuno a fare qualcosa, ad esempio.

Un'altra espressione famosa è "eccallà!", che è un po' come l'italiano "eccola là", ed è usata quando succede qualcosa DA/DI spiacevole che si aveva previsto.

Tante volte, invece, potete sentire i romani che dicono "'na cifra", che ha lo stesso significato di "molto", ad esempio: "Ti piace Roma?" "Sì, 'na cifra!".

Attenzione! *Be careful!* Diciamo "qualcosa DI spiacevole". *We say* "qualcosa DI spiacevole"!

Perché la regola dice: qualcosa + DI + aggettivo. *The rule is:* qualcosa (*something*) + DI + *adjective.*

Per esempio: *For example:*

Vorrei qualcosa di bello da indossare. *I would like something nice to wear.*

ESERCIZIO 6: Fai 3 frasi con qualcosa + DI + aggettivo.

Make 3 sentences with qualcosa + DI + adjective.

. . . .

. . . .

. . . .

. . . .

4. LA LEGGENDA DEL PANETTONE

In Italia, ogni regione ha un proprio particolare dolce natalizio, per esempio: se visitate Siena, troverete il panforte; a Genova, troverete il pandolce; a Napoli, gli struffoli; i ricciarelli, in generale, in Toscana, e in Piemonte potete trovare il tronchetto di Natale. Ma i grandi protagonisti di Natale, in tema di dolci, sono il pandoro e il panettone. E, parlando di panettone, c'è un po' di mistero e magia sulla sua origine, che si mescolano con la storia...

Chiudete gli occhi e fate un salto nel passato, più o meno nel periodo in cui è stata scoperta l'America, perché siamo a Milano, nel 1495, e siamo al cenone di Natale ("cenone" vuol dire "grande cena") di Ludovico il Moro. Durante questa cena, le persone si stavano divertendo, mentre invece in cucina non c'era un gran divertimento, perché il cuoco per sbaglio ha bruciato il dolce e, disperato, non riesce a trovare una soluzione, fino a quando arriva Toni, e chi è Toni? Toni è un garzone, ossia un giovane lavoratore, e di solito un garzone fa dei lavori semplici, in questo caso Toni stava facendo l'aiuto-cuoco, e propone un dolce che aveva preparato per sé in precedenza, con degli ingredienti rimasti dal dolce originario preparato dal cuoco.

Il cuoco, che non ha nessun'altra opzione, decide di accettare l'idea di Toni e quindi, con questi ingredienti rimasti, creano un pane dolce che profuma di frutta candita. È il momento di portarlo a tavola e viene ben accettato dagli ospiti di Ludovico il Moro, che subito chiedono a Ludovico il nome di questo dolce e lui si rivolge a Toni, che però non ha il nome del dolce, e quindi il Duca decide di chiamarlo "Pan del Toni", e da quel momento, a Milano, durante il periodo natalizio, si prepara il Pan del Toni, che col passare del tempo ha preso il nome di Panettone, e ora potete assaggiarlo in tutto il mondo.

E voi, avete mai provato il panettone?

In Italy, each region has its own particular Christmas dessert, for example, if you visit Siena, you will find *panforte*; in Genoa, you will find *pandolce*; in Naples, *struffoli and ricciarelli.*In Tuscany, and in Piedmont you can find *tronchetto di Natale*. The main Christmas players, however, in terms of desserts, are *pandoro* and *panettone*. Regarding *panettone*, there is a bit of mystery and magic about its origin, which is mixed with history...

Close your eyes and step into the past, around the time the New World was discovered. We're in Milan, in 1495, at the Christmas dinner of Ludovico il Moro. People are having fun in the dining room, while in the kitchen the chef has accidentally burned the dessert. Despairing, he can't find a solution, until Toni comes—but who's Toni? Toni is an apprentice, that is, a young worker, and usually an apprentice does simple jobs. In this case, Toni's a chef's assistant, and he proposes a cake that he had prepared for himself earlier, along with leftovers from the original cake prepared by the chef.

The chef, with no other option, decides to accept Toni's idea and so, with these leftover ingredients, they create a sweet bread that smells like candied fruit. It's time to bring it to the table, and it is well accepted by Ludovico il Moro's guests, who immediately ask Ludovico the name of this cake. He turns to Toni, who, however, does not have a name for the cake, and so the Duke decides to call it "Pan del Toni." From that year on, in Milan during the Christmas season, Pan del Toni is prepared, which with the passage of time has taken the name "panettone." Now, you can taste it all over the world.

What about you, have you ever tried panettone?

LA LEGGENDA DEL PANETTONE - esercizi

ESERCIZIO 1: Scegli la risposta corretta.

Choose the correct answer.

1. L'idea del panettone è stata avuto da...

A. Ludovico il Moro

B. Lo chef

C. Toni

2. Il panettone è fatto con...

A. Ingredienti di prima qualità

B. Con gli avanzi

C. Con quello richiesto da Ludovico il Moro

3. A Napoli, durante il periodo natalizio è possibile trovare...

A. Il trinchetto

B. Il pandolce

C. Gli struffoli

4. Chi dà il nome di Pan del Toni al dolce?

A. Lo chef

B. Toni

C. Ludovico il Moro

5. E' possibile trovare il panforte a...

A. Siena

B. Genova

C. Napoli.

ESERCIZIO 2: Abbina le parole/le espressioni con lo stesso significato.

Combine the words/expressions with the same meaning.

1. Disperato   A. Domandare

2. Proporre   B. Parlare a qualcuno

3. Suggerire   C. Consigliare

4. Rivolgersi   D. Sconfortato

5. In precedenza   E. Fare una proposta

6. Chiedere   F. Precedentemente

ESERCIZIO 3. Completa con le seguenti parole: padella, miscela, sapore, decorati, tocco.

Complete with the following words: padella, miscela, sapore, decorati, tocco.

GLI STRUFFOLI

Gli struffoli sono delle deliziose palline di pasta dolce preparate con una .... di zucchero, uova, farina, strutto e un .... di liquore. Dopo la cottura in abbondante olio caldo, le palline sono poi saltate in .... con miele e zucchero. Quando diventano freddi, gli struffoli sono disposti su un vassoio e .... con frutta candita e piccoli confetti di zucchero colorati. L'origine della parola non è chiaro, ma si pensa che il termine "struffolo" derivi dall'espressione greca 'strongoulos' che significa 'arrotondato'. Altri, invece, poi credono che il nome si riferisca al fatto che il dolce 'strofina' la bocca poiché delizia il palato con il suo buon ....

Padella: *pan*

Miscela: *mix*

Sapore: *taste*

Decorati: *decorated*

Tocco: *touch*

ESERCIZIO 4: Completa il cruciverba, con le lettere evidenziate scoprirai il nome di un piatto italiano che è cucinato a Natale.

Complete the crossword puzzle. With the highlighted letters, you will discover the name of a dish that is usually cooked for Christmas.

1. Ludovico il Moro è un ....

2. Toni è un ....

3. Il participio passato di "bruciare".

4. Si dice "............... una soluzione".

5. La notte del 31 Dicembre è la notte di ....

6. Il plurale di "gioco".

7. Cosa si danno a Natale ai propri amici e familiari? E' un sinonimo di "doni".

8. Una grande cena di Natale è anche chiamata .... di Natale.

9. *Santa Claus* in italiano è .... Natale.

Il piatto italiano cucinato a Natale è il .... Ha origini antiche e la sua ricetta risale al XV secolo. E' servito insieme alle lenticchie, che sono un simbolo di prosperità per l'anno nuovo; infatti, siccome le lenticchie hanno la forma di piccole monete, sono associate alla ricchezza e all'abbondanza.

ESERCIZIO 5: Completa con la preposizione corretta.

Complete with the correct preposition.

IL PRESEPE

Il presepe è una tradizione molto importante …… Italia durante il Natale. È una rappresentazione speciale che racconta la storia della nascita …… Gesù bambino. Nel presepe, ci sono …… piccole statue, chiamate "statuine", che rappresentano la famiglia di Gesù e le persone intorno …… lui.

Attenzione! *Be careful!* Diciamo "DELLE piccole statuine". *We say* "DELLE piccole statuine"!

Perché per dire "some" in italiano abbiamo tre diversi modi:

To express "some" in Italian we have three different ways:

- DI+articolo + parola: ad esempio, vorrei delle mele (*I would like some apples*).
- ALCUNI/E + parola plurale: ad esempio, vorrei alcune mele (*I would like some apples*).
- QUALCHE + parola singolare: ad esempio, vorrei qualche mela (*I would like some apples*).

Facciamo un po' di pratica: *Let's practise a bit!*

ESERCIZIO 6: Scrivi le frasi come nell'esempio.

Write the sentences as in the example.

Es. **Ho visto dei presepi a Roma.**

Ho visto alcuni presepi a Roma.

Ho visto qualche presepe a Roma.

1. Dobbiamo preparare degli antipasti per il cenone di Capodanno.

…………………………………………………………………………………………

…………………………………………………………………………………………

…………………………………………………………………………………………

2. Abbiamo avuto dei problemi con le luci di Natale.

....

....

....

3. Hai già comprato delle statuine per il presepe?

....

....

....

4. Valentina fa parte del coro e ha cantato delle canzoni di Natale.

....

....

....

5. LA BEFANA

Appena dopo Natale e Capodanno, il 6 Gennaio, si festeggia la Befana.

Sapete chi è la Befana?

Secondo la tradizione, è una donna molto anziana che, come una strega, vola su una <u>scopa</u> e fa visita ai bambini nella notte tra il 5 e il 6 Gennaio. I bambini, infatti, appendono le calze al <u>camino</u> e, se sono stati bravi, queste verranno riempite con dei dolci, altrimenti riceveranno del <u>carbone</u>. E, se capitate in un qualsiasi supermercato italiano dopo Natale, troverete tantissime Befane di peluche, oppure di solito ci sono delle manifestazioni nelle principali città italiane.

Ma, esattamente, da dove viene questo personaggio? È strettamente legato alla storia dei Re Magi, Gaspare, Baldassarre, Melchiorre, i Re che hanno fatto visita a Gesù dopo la sua nascita. E si dice che questi, quando stavano per andare a visitare Gesù, si sono persi per strada, si fermano, e chiedono delle informazioni sulla direzione da prendere a questa vecchia signora. Lei indica la strada, e quindi questi la invitano a continuare la strada tutti insieme. Lei però rifiuta, dicendo di essere molto impegnata, ma poi si pente e prende un sacco, che riempie di dolci, e va alla ricerca dei Re Magi, che però non trova, ma continua a regalare i dolci a tutti i bambini che trova per strada, sperando che uno di loro sia Gesù.

E voi, avete mai sentito parlare della Befana?

Just after Christmas and New Year's Eve, on January 6, we celebrate Befana.

Do you know Befana's namesake?

According to tradition, Befana was a very old woman who, like a witch, flies on a broom and visits children on the night between January 5 and January 6. The children, in fact, hang their stockings on the chimney and, if they have been good, these will be filled with sweets, otherwise they will receive coal. And, if you go to any Italian supermarket after Christmas, you will find plenty of stuffed Befana, and there are usually events in major Italian cities.

But, exactly where does this character come from? It is closely related to the story of the Three Kings: Gaspar, Balthasar, and Melchior, the Kings who visited Jesus after his birth. It is said that when they were about to visit Jesus, they got lost on the road. They rested for a bit and asked an old woman for information about the direction to take. She pointed out the way and so these people invited her to continue on the road all together. She refused, saying that she was very busy, but then she regretted and took a sack, which she filled with sweets, and she went in search of the Three Kings. She did not find them, however, but she continued to give sweets to all the children she found on the road, hoping that one of them would be Jesus.

What about you, have you ever heard of Befana?

LA BEFANA - esercizi

ESERCIZIO 1: Abbina le parole con le frasi.

Combine the words with the sentences.

1. Scopa	A. Chiedono indicazioni alla Befana
2. Camino	B. Dove, in una casa, c'è il fuoco
3. Carbone	C. Oggetto usato per pulire il pavimento
4. Calze	D. Si indossano prima delle scarpe
5. Sacco	E. La Befana dà questo ai bambini "monelli"
6. Re Magi	F. Lo riempie la Befana con i dolci.

ESERCIZIO 2: Vero o falso?

True or false?

1. La Befana all'inizio non voleva seguire i Re Magi.

VERO FALSO

2. La Befana va in giro a cavallo di un aspirapolvere.

VERO FALSO

3. I bambini che si sono comportati bene ricevono il carbone dalla Befana.

VERO FALSO

4. La Befana si pente di non aver seguito subito i Re Magi.

VERO FALSO

ESERCIZIO 3: Completa con le seguenti parole: favore, gesto, ceneri, origini, tradizione.

Complete with the following words: favore, gesto, ceneri, origini, tradizione.

IN ALCUNI POSTI IN ITALIA SI BRUCIA IL FANTOCCIO DELLA BEFANA! (Fantoccio: *puppet, doll*)

In Italia, particolarmente in alcune zone del nord-est come il Veneto, esiste la ……………… di "bruciare" la Befana. Questo ……………… simboleggia la conclusione dell'anno appena terminato, dalle cui ……………… prenderà vita il nuovo anno. Si ritiene che questa cerimonia abbia .... celtiche; infatti, in quel periodo dell'anno, i Celti incendiavano un manichino che raffigurava il passato per ottenere il .... delle divinità.

ESERCIZIO 4: Trova la risposta corretta:

Find the correct answer:

1. In Italia abbiamo un proverbio che dice: "L'Epifania tutte le feste porta via!". Perché?

A. Dopo l'Epifania finisce il periodo natalizio;

B. Il giorno dell'Epifania è obbligatorio per legge togliere tutte le decorazioni di Natale in Italia;

C. Il giorno dell'Epifania si possono ridare i regali non graditi a chi ce li ha regalati.

2. Qual è la festa dopo l'Epifania?

A. Pasqua

B. Carnevale

C. Ferragosto.

La risposta corretta è Carnevale!

Ma sapete perché si mettono le maschere a Carnevale?

Secondo diverse fonti, l'origine del "travestimento" (: *costume*) può essere ricondotta a una celebrazione in onore della dea (: *goddess*) egizia Iside, e durante essa c'erano gruppi mascherati. Questa tradizione fu adottata anche nell'impero Romano, dove alla fine dell'anno vecchio si svolgeva una processione (: *parade*) con un uomo coperto di pelli di capra, che veniva colpito con bacchette.

In molte altre regioni del mondo, soprattutto in Oriente, erano comuni feste con cerimonie e processioni in cui le persone si travestivano. A Babilonia, ad esempio, era consuetudine vedere grossi carri, rappresentanti la Luna e il Sole, sfilare per le strade, simbolizzando la creazione del mondo.

In generale, lo spirito della festa era quello di livellare l'ordine sociale, ribaltare (: *to reverse the situation*) la realtà con la fantasia e travestirsi da ciò che non si era. Nel Medioevo, per esempio, i popolani potevano per alcune ore divertirsi senza preoccupazioni e sentirsi allo stesso livello di chi aveva il potere.

ESERCIZIO 5: Scegli la risposta corretta.

Choose the correct answer.

IL CARNEVALE IN ITALIA

1. Qual è la città italiana più famosa in tema di Carnevale?

A. Roma

B. Napoli

C. Venezia

D. Genova

2. Cosa si fa nel Carnevale di Viareggio?

A. C'è una sfilata di carri allegorici

B. Ci si lanciano petali di fiori, per omaggiare la primavera che sta per arrivare

C. C'è la gara ai capelli più bizzarri

3. Quale non è un dolce tipico di Carnevale?

A. Le chiacchiere

B. Il tiramisù

C. Le castagnole

4. Martedì grasso è il giorno in cui...

A. Inizia Carnevale

B. Si è a metà settimana di Carnevale

C. Finisce Carnevale.

ESERCIZIO 6: Completa con l'articolo corretto. (IL, L', LO, LA, I, GLI, LE)

Complete with the correct article.

…… DOLCI TIPICI DI CARNEVALE IN LOMBARDIA (: …… REGIONE DI MILANO)

…… dolce in assoluto più diffuso sono …… chiacchiere, che a Milano non sono fritte ma sono cotte nel forno. E a Milano ci sono anche …… tortelli milanesi, che però sono fritti. A Bergamo ci sono …… gale, che sono delle strisce di pasta annodate fritte; a Pavia, oltre al dolce fritto tipico, si aggiunge …… crema pasticcera, invece a Crema ci sono …… castagnole e …… chiusi, che hanno al loro interno …… uvetta e …… mele.

6. LA LEGGENDA DEL FANTASMA DI BARDI

Tutti conoscono il Parmigiano Reggiano, e proprio dalla zona del Parmigiano Reggiano arriva questa leggenda. Poco distante da Bologna, troviamo Parma, e la provincia di Parma ospita ben 14 castelli, e in particolare troviamo il Castello di Bardi, che è sede della leggenda di Moroello, precisamente del <u>fantasma</u> di Moroello, e questa storia risale ad un periodo collocabile tra il XV-XVI secolo, ma procediamo per ordine, chi è Moroello?

Moroello è il comandante delle truppe dell'epoca, quindi a capo delle <u>truppe</u> che difendevano il castello di Bardi; e Moroello aveva una storia, di nascosto, con Soleste, la figlia del castellano. Il castellano era una figura responsabile della custodia del castello. Soleste, però, era promessa sposa ad un feudatario. Il feudatario è il governatore di un feudo, e il feudo è una grossa proprietà terriera (nel Medioevo). Ed era promessa a questo feudatario per avviare un'alleanza diplomatica, perché all'epoca i matrimoni erano sempre legati con la politica, quindi vi erano matrimoni, ad esempio, per allargare i confini del proprio Stato. La coppia, però, si incontrava segretamente grazie all'aiuto della balia della ragazza, e la balia è una sorta di baby-sitter dell'epoca. Un giorno però Moroello va a combattere per difendere i confini e Soleste, come sempre, aspettava l'arrivo dell'amante nel punto più alto del castello per vederlo arrivare, però accade che vede arrivare dei <u>cavalieri</u> con delle <u>armature</u> nemiche, e quindi pensa al peggio, e presa da questa tristezza logorante, decide di gettarsi dalla torre. In realtà però questi cavalieri con le armature nemiche, non erano altro che le truppe di Moroello, che finalmente avevano vinto contro le truppe nemiche e in segno di vittoria, avevano deciso di indossare le armature nemiche. Appena Moroello arriva, scopre del suicidio della sua amata e decide di suicidarsi a sua volta. E da quel giorno la sua <u>anima</u> vaga per la fortezza.

Everyone knows about Parmigiano Reggiano, and right from the Parmigiano Reggiano area, this legend originates. Not far from Bologna is Parma, and in the province of Parma you can find no fewer than 14 castles. In particular, we find the Castle of Bardi, which is home to the legend of Moroello, more precisely the ghost of Moroello, and this story dates back to a period that can be placed between the 15th and 16th centuries. But, let us proceed in order: who is Moroello?

Moroello is the commander of the troops of that time. Thus, he led the troops that defended the castle of Bardi. Moroello had an affair on the sly with Soleste, the daughter of the castellan. The castellan was a figure responsible for guarding the castle. Soleste, however, was betrothed to a feudal lord. The feudal lord was the governor of a fief, a fief being a large landed property in the Middle Ages. She was betrothed to this feudal lord in order to initiate a diplomatic alliance, because at that time marriages were always linked with politics. So, for example, there were marriages to enlarge the borders of one's state. The couple, however, met secretly thanks to the help of the girl's "balia," which was a kind of baby-sitter of the Middle Ages. One day, however, Moroello goes off to fight to defend the borders, and Soleste, as always, waited for her lover to arrive at the highest point of the castle so she could see him coming. However, it happened that she saw some knights with enemy armor coming, and so she thought the worst. Gripped by this wearisome sadness, she decided to throw herself off the tower. In reality, however, these knights in enemy armor were none other than Moroello's troops, who had finally won against the enemy troops, and as a sign of victory, they decided to wear the enemy armor. As soon as Moroello arrived, he found out about the suicide of his beloved and decided to commit suicide himself. From that day on, his soul wanders around the fortress.

In diversi anni, ci sono stati diversi <u>avvistamenti</u>, soprattutto a partire poi dal 1995, c'è stato un incremento, e anche due medium sono state ospiti in questo castello, per accertare la presenza di questo fantasma.

Nel castello, attualmente, è possibile vedere delle fotografie di questo fantasma.

E voi, vorreste incontrare un fantasma?

Over several years, there have been several <u>sightings</u>. Especially since 1995, there has been a large increase, with two mediums even having been guests in this castle to ascertain the presence of this ghost.

In the castle, currently, you can see photographs of this ghost.

What about you, would you like to meet a ghost?

LA LEGGENDA DEL FANTASMA DI BARDI - esercizi

ESERCIZIO 1: Completa con le seguenti parole: fantasma, truppe, cavalieri, armatura, anima, avvistamenti.

Complete with the following words: fantasma, truppe, cavalieri, armatura, anima, avvistamenti.

Negli ultimi anni, al castello di Bardi, ci sono stati diversi .... di un .... che sarebbe l' .... di Moroello, che insieme ai suoi .... aveva combattuto contro le .... nemiche e in segno di vittoria, aveva indossato l' .... dell'avversario, così facendo però la sua amata lo ha creduto morto e quindi si è suicidata. Una volta che Moroello lo scopre, decide di togliersi la vita anche lui.

ESERCIZIO 2: Completa il cruciverba, con le lettere evidenziate scoprirai il nome di un altro castello, che è poco lontano da Bardi.

Complete the crossword puzzle. With the highlighted letters, you will discover the name of another castle that is not far from Bardi.

1. La regione di Parma: l'Emilia - ....
2. Il proprietario del feudo.
3. Il nome dell'amata di Moroello.
4. Il contrario di "possibile".
5. Il contrario di "chiudere".
6. Un altro modo per dire "Stato", inizia con "P".
7. Il marito della regina.
8. Il contrario di "amico".
9. L'animale del cavaliere.
10. Lo usiamo quando piove.
11. Il participio passato di "vincere".

Il castello poco lontano da Bardi si chiama il castello di ....

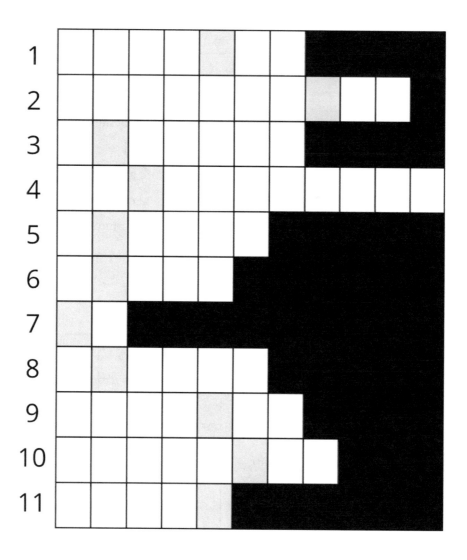

ESERCIZIO 3: In tema di cavalli, ecco un esercizio sui verbi legati a questo animale. Scegli la definizione corretta.

Regarding horses, this is an exercise about verbs connected to this animal. Choose the correct definition.

1. Galoppare

2. Accarezzare

3. Montare

4. Spazzolare

5. Sellare

6. Addestrare

A. Usare la spazzola sul mantello del cavallo

B. Mettere la sella al cavallo

C. Insegnare i comandi al cavallo

D. Fare delle carezze al cavallo

E. Modo veloce in cui si muove il cavallo

F. Salire su un cavallo

In italiano, ci sono i pronomi diretti che possono sostituire gli oggetti della frase, in modo da rendere più fluente un discorso. Questi pronomi rispondono alla domanda "Chi? Che cosa?" e sono:

In Italian, there are direct pronouns that can replace objects in the sentence to make a conversation more fluent. These pronouns answer the question "Who? What?" and they are:

MI	*me*
TI	*you*
LO	*him, it (masculine singular)*
LA	*her, it (feminine singular)*
CI	*us*
VI	*you (all)*
LI	*them (masculine plural)*
LE	*them (feminine plural)*

Facciamo un po' di pratica: *Let's practise a bit!*

ESERCIZIO 4: Scegli il pronome diretto corretto.

Choose the correct direct pronoun.

1. Quando ho tempo voglio visitare il castello! Lo/la/li vuoi visitare con me?

2. Ho tanto tempo, vorrei preparare una torta, come lo/la/le preferisci?

3. Daniele mi/ti/vi ha chiamato prima ma ho il cellulare in silenzioso, lo/la/li chiamerò dopo!

4. Vi/ti/gli piace vivere qui? Sì, ci piace molto!

ESERCIZIO 5: Completa con il pronome diretto corretto.

Complete with the correct direct pronouns.

1. Non so ancora il risultato dell'esame ma ...... scoprirò presto!

2. Hai chiamato Luca e Sara? Non ...... ho ancora chiamati ma lo farò presto!

3. Non ho ancora trovato i regali da fare ai miei genitori per Natale, e tu ...... hai già acquistati?

4. Devo comprare delle arance ma non so se ...... hanno al supermercato perché non è più stagione!

5. Non vedo Maria da diverso tempo e non ...... sento quasi mai per telefono, credo che sia davvero occupata ultimamente!

6. Hai preso le caramelle? Sì, ... ho acquistate due giorni fa.

ESERCIZIO 6: Correggi le frasi quando è necessario.

Correct the sentences when it's necessary.

1. La barca è qui e il pittore lo sta restaurando.

   ....

2. Devo comprare il pane? No, li ho già comprato io!

   ....

7. LA LEGGENDA DEL PONTE GOBBO DI BOBBIO

Siamo a Bobbio, un borgo italiano in provincia di Piacenza, considerato uno dei borghi più belli d'Italia, che nel 2019 è stato nominato "Borgo dei Borghi". Il simbolo della città è un <u>ponte</u> insolito, chiamato "Ponte Gobbo", che alcuni chiamano anche "Ponte del Diavolo", che vi anticipa un po' la leggenda che caratterizza questa struttura.

La storia racconta di San Colombano che ha costruito un monastero in questo paese, che però voleva fosse accessibile anche dall'altra parte del <u>fiume</u>, quindi aveva bisogno di un ponte. Non avendo le risorse necessarie per costruirlo, chiede aiuto al Diavolo, facendo un <u>patto</u> con lui: il Diavolo avrebbe costruito il ponte, e San Colombano gli avrebbe dato l'anima del primo che avrebbe attraversato il ponte. Affare fatto. Il Diavolo accetta e in una sola notte, 11 diavoletti hanno costruito l'intero ponte. La mattina però, San Colombano fa camminare per primo un maiale, quindi il Diavolo, arrabbiato a causa di questo <u>inganno</u>, lo fa diventare <u>gobbo</u>. E voi, vorreste visitare questo particolare borgo italiano?

We are in Bobbio, an Italian town in the province of Piacenza, which is considered one of the most beautiful villages in Italy. In 2019 it was named "Borgo dei Borghi" meaning "Village of Villages". The symbol of the town is an unusual bridge, called "Ponte Gobbo" which some also call "Devil's Bridge," which gives you a bit of a preview of the legend that characterizes this structure.

The story tells of St. Colombano who built a monastery in this town, but he wanted it to be accessible from across the river, so he needed a bridge. Since he did not have the resources to build it, he asked the devil for help. He made a deal with him which goes as follows: the devil would build the bridge, and St. Colombano would give him the first soul to cross the bridge. The Devil agreed, and in a single night, 11 little devils built the entire bridge. In the morning, however, St. Colombano makes a pig walk the bridge first. The Devil, angry because of this deception, makes him hunchbacked. Would you like to visit this particular Italian village?

LA LEGGENDA DEL PONTE GOBBO DI BOBBIO - esercizi

ESERCIZIO 1: Completa con le seguenti parole: ponte, fiume, patto, inganno, gobbo.

Complete with the following words: ponte, fiume, patto, inganno, gobbo.

A Bobbio c'è una struttura che è frutto di un .... che San Colombano ha fatto nei confronti del Diavolo. Questa struttura è un .... che collega le due sponde del ...., e secondo la leggenda questo ponte è diventato .... quando il Diavolo si è accorto che il Santo non aveva rispettato il ...., per cui avrebbe dovuto ricevere l'anima della prima persona che avrebbe camminato sul ponte.

ESERCIZIO 2: Collega le parole ai sinonimi.

Connect the words to the synonyms.

A. Considerato	1. Oltrepassato
B. Insolito	2. Ritenuto
C. Accessibile	3. Peculiare
D. Patto	4. Raggiungibile
E. Attraversato	5. Accordo
F. Particolare	6. Inusuale

ESERCIZIO 3: Scrivi una frase per ogni parola: peculiare, accordo, inusuale.

Write a sentence with each word: peculiare, accordo, inusuale.

....

....

....

ESERCIZIO 4: Completa con le seguenti parole: per quanto riguarda, un altro, simile a, tutti.

Complete with the following words: per quanto riguarda, un altro, simile a, tutti.

LA CUCINA PIACENTINA

La cucina piacentina è molto rinomata: uno dei piatti più popolari è *pisarei e fasö*: i pisarei sono una pasta fatta a mano .... dei piccoli gnocchi, e questi sono accompagnati da un sugo di fagioli (*fasö* in dialetto piacentino) e pancetta.

.... primo piatto tipico della zona di Piacenza è un tipo di pasta ripiena: i tortelli con la coda, che hanno al loro interno ricotta e spinaci. I salumi sono i protagonisti in questa zona: salame, coppa e pancetta. .... questi salumi sono protetti dal marchio DOP (Denominazione di Origine Protetta), che garantisce la loro qualità e origine.

.... i dolci, la protagonista indiscussa è la *sbrisolona*, fatta con farina di mais, farina di frumento, zucchero, burro e mandorle. La sua consistenza è friabile e si spezza facilmente in pezzi irregolari.

Rinomata: *well known*

Ripiena: *stuffed*

Consistenza: *texture*

Friabile: *crumbly*.

Un'altra denominazione regolamentata a livello europeo e italiano è l'IGP. La denominazione IGP indica che almeno una parte del processo di produzione, lavorazione o preparazione è fatta in una specifica area geografica.

ESERCIZIO 5: Vero o falso?

True or false?

1. I pisarei sono un tipo di pasta ripiena.

VERO FALSO

2. Il sugo dei pisarei è fatta con i fagioli o con la pancetta.

VERO FALSO

3. La sbrisolona è una torta friabile.

VERO FALSO

4. I salumi piacentini hanno la denominazione DOP.

VERO FALSO

ESERCIZIO 6: Completa con il pronome diretto corretto.

Complete with the correct direct pronouns.

1. Vorrei provare a preparare la sbrisolona: .... porterei a casa di Lucia per la cena di stasera.

2. Voglio provare la ricetta che mi hai nominato, dove .... posso trovare?

3. Domani Luca e Giovanni avranno un esame, ora .... chiamo per dirgli "buona fortuna!".

4. .... chiamo appena riesco, sarete a casa tutto il pomeriggio, vero?

5. Non ho ancora trovato le scarpe, ... hai viste in giro?

6. Non ho ancora fatto una recensione a quell'hotel, cosa dici, ... faccio ora?

8. LA LEGGENDA DEL RIFRULLO DEL DIAVOLO

Anche in questa storia, il Diavolo è un po' protagonista.

Siamo a Firenze, precisamente in Via dello Studio, vicino al Duomo e ancora oggi se passate in questa via potete sentire una leggera brezza, chiamata dai fiorentini "il rifrullo del Diavolo".

La leggenda racconta che il Diavolo voleva prendere l'anima di un <u>prete</u> e per questo lo ha rincorso per tutte le vie della città, fino a quando si trova bloccato davanti al muro del Duomo, e qui allora, chiede al diavolo di poter pregare un'ultima volta, prima di essere dannato. Il Diavolo accetta e il prete entra nel Duomo, e poi esce dalla porta posteriore, ingannando così il Diavolo, che poi ha aspettato per ore sbuffando, e una volta che si è accorto dell'inganno, ha trasformato lo sbuffo in un vento forte, che ancora oggi è presente in questa via fiorentina.

E voi, avete mai visitato Firenze e avete mai sentito questa brezza?

In this next story, Devil is again a bit of the main character. We are in Florence, specifically in *Via dello Studio*, close to Duomo, the main church of the city. Still now if you are in this particular street you can feel a slight breeze which the people of Florence dubbed "il rifrullo del Diavolo" meaning "the Devil's Breath". The legend tells of how the Devil wanted to take the soul of a <u>priest</u>. The Devil chased this priest until the priest found himself cornered by the Devil in front of the wall of the Cathedral. Here, the priest asked the Devil if he could pray one last time before he was damned. The Devil accepted, and the priest entered the Duomo, and then exited through the back door, thus deceiving the Devil who was waiting for him to return for hours. While he waited for the priest he was huffing and puffing softly then once he realized the priest's deception, he turned the huffing and puffing into a strong wind which, is now called "il rifrullo del Diavolo" and it is still present in this Florentine street today!

Have you ever visited Florence and felt this breeze?

LA LEGGENDA DEL RIFRULLO DEL DIAVOLO - esercizi

ESERCIZIO 1: Individua e scrivi le parole legate alla religione presenti nel testo.

Find and write the religion-related words in the text.

A. Il verbo che descrive un'azione che fanno le persone religiose:

………………………..

B. E' un uomo di chiesa che celebra la messa:

………………………..

C. Una grande chiesa, è chiamata così anche la chiesa più grande di Milano:

………………………..

ESERCIZIO 2: Completa il cruciverba, con le lettere evidenziate scoprirai un piatto tipico di Firenze.

Complete the crossword puzzle. With the highlighted letters, you will discover the name of a typical dish from Florence.

1. Abitante di Firenze.

2. "Rincorso" è il participio passato del verbo ………………

3. Il contrario di "alto".

4. Il posto dove si possono guardare le partite di calcio dal vivo.

5. Il contrario di "vicino".

6. Il contrario di "pesante".

7. La Sicilia è un'………

8. La regione di Firenze.

9. Il plurale di "uovo".

Un piatto tipico di Firenze è ……………………… .

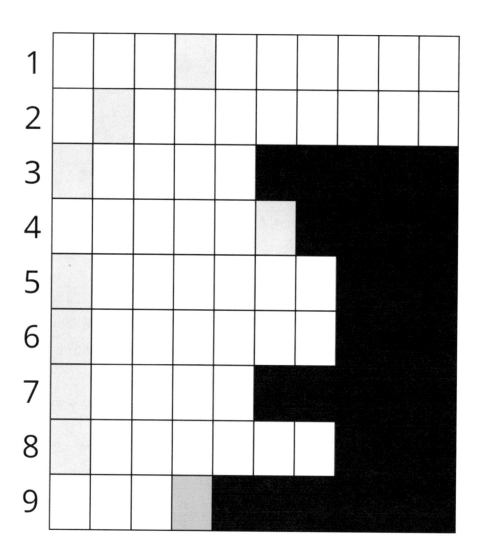

Attenzione! *Be careful!* In italiano ci sono delle parole che al plurale sono irregolari!

Ecco alcuni esempi:

In Italian, there are some words that are irregular when they are plural!

Here you can find some examples:

Egg, eggs: l'uovo, le uova.

Knee, knees: il ginocchio, le ginocchia.

Finger, fingers: il dito, le dita.

Arm, arms: il braccio, le braccia.

City, cities: la città, le città.

Bike, bikes: la bici, le bici.

Ear, ears: l'orecchio, le orecchie.

Pair, pairs: il paio, le paia.

Mile, miles: il miglio, le miglia.

Facciamo un po' di pratica: *Let's practise a bit!*

ESERCIZIO 3: Completa le frasi con le parole della lista precedente.

Complete the sentences with the words from the previous list.

1. Questo anello è troppo largo per me: le mie .... sono molto sottili.

2. Devo smettere di comprare scarpe nuove: ho almeno dieci .... di scarpe che non uso mai!

3. Le .... del nord d'Italia sono piuttosto diverse da quelle del sud.

4. Dopo una caduta, il corridore ha smesso di fare la maratona a causa del suo .... infortunato.

5. Ieri c'era un bel sole, quindi abbiamo preso le .... e siamo andati a farci un giro per qualche ....

ESERCIZIO 4: Completa con le seguenti preposizioni: in, a, per, di.

Complete with the following prepositions: in, a, per, di.

IL CALCIO STORICO FIORENTINO

In occasione del Patrono di Firenze, San Giovanni Battista, a giugno, ... Firenze si gioca il Calcio Storico Fiorentino, che è uno sport che combina elementi di calcio, rugby e lotta. Le partite sono ...... Piazza Santa Croce, dove viene allestito un campo di sabbia. Ci sono quattro squadre, ognuna rappresenta un quartiere storico ...... Firenze: Santa Croce (Azzurri), Santo Spirito (Bianchi), Santa Maria Novella (Rossi) e San Giovanni (Verdi). Ogni squadra ha 27 giocatori, che si affrontano ...... 50 minuti. L'obiettivo è segnare più punti possibili, portando la palla nella rete avversaria. Chi vince riceve una mucca bianca come premio simbolico.

Patrono: *patron saint*

Segnare: *to score (goals)*

Avversaria: *rival*

ESERCIZIO 5: Rispondi alle domande.

Answer the questions.

1. Quanti giocatori hanno le squadre del Calcio Storico Fiorentino?

   ....

2. Com'è e dov'è il campo dove vengono giocate le partite?

   ....

3. Perché le squadre sono quattro?

   ....

ESERCIZIO 6: Indovina la risposta!

Guess the answer!

Quale cocktail è stato inventato a Firenze?

A. Negroni

B. Spritz

C. Americano

La risposta corretta è Negroni.

La storia racconta che nel 1919, a Firenze, il conte Camillo Negroni, desideroso di una bevanda più forte rispetto al solito Americano, ha chiesto al barman Fosco Scarselli del Caffè Casoni di Firenze di sostituire la soda, presente nell'Americano, con il gin. Scarselli, per distinguere il nuovo cocktail, ha aggiunto poi una fetta di arancia invece della scorza di limone dell'Americano.

Sostituire: *to replace*

Fetta: *slice*

Scorza: *(lemon) peel.*

9. LA LEGGENDA SULLA COLONNA DEL DIAVOLO

Terza ed ultima leggenda legata alla figura del Diavolo.

Siamo a Milano, e in centro, alla sinistra della Basilica di Sant'Ambrogio, c'è una colonna chiamata la Colonna del Diavolo, che ha due fori, fatti dalle corna del Diavolo.

Una mattina Sant'Ambrogio stava camminando nel <u>cortile</u> della Basilica, quando ha incontrato il Diavolo che lo ha intimato di rinunciare alla sua carica di <u>vescovo</u>, ma il Santo, con un calcio, lo ha fatto sbattere contro la colonna, ed il Diavolo è rimasto lì fino al giorno seguente, quando poi è scomparso.

Anche oggi, vicino a questi fori è possibile sentire l'odore di zolfo e il rumore dello Stige, il fiume dell'Inferno. E la notte prima della domenica di Pasqua è possibile intravedere il carro che porta le anime dannate all'inferno, guidato dal diavolo.

E voi, avete mai visitato la Basilica di Sant'Ambrogio?

The third legend which I will talk about related to the devil is in Milan. In the center of the city, there is the Basilica of St. Ambrogio. On the left side. of the Basilica, there is a column which has two holes in it and these holes are said to be made by the Devil's horns. For this reason it is named " meaning "The Devil's Column" The story goes as follows. One morning St. Ambrogio was walking in the courtyard of the Basilica when he encountered the devil. Here, the devil tried to persuade him to renounce his position as bishop, through fear and intimidation. Saint Ambrogio, however. fought back and with a kick he caused the devil to lunge head first into. the column and thus lodging his two horns into the column. The devil remained stuck there until the next day when ultimately disappeared in a sulfuric cloud. Those two holes that were created by the devil's horns are still there to this day. It is said that if you go near the column with the holes, not only do the holes still smell of sulfur but you can also hear the sound of Styx, the River of Hell. It is also said that on the night before Easter Sunday it is possible to catch a glimpse of the chariot carrying the damned souls to hell, driven by the devil. Have you ever visited the Basilica of St. Ambrose and been to this column before?

LA LEGGENDA SULLA COLONNA DEL DIAVOLO - esercizi

ESERCIZIO 1: Individua le parole nel testo e scrivile.

Find the words in the text and write them.

A. Un altro modo per dire "buco", usato al plurale nel testo, poiché provocati dalle corne del Diavolo: ....

B. Il participio passato di "scomparire": ....

C. Il nome del fiume dell'Inferno: ....

ESERCIZIO 2: Leggi il testo e rispondi alle domande.

Read the text and answer the questions.

Sapete qual è la differenza tra chiesa, cappella, basilica e duomo? A volte sono termini un po' confusi dagli stranieri in Italia (anche dagli italiani!!). Una chiesa è un termine generale per descrivere un edificio dove i cristiani vanno a pregare e partecipare alla messa, per esempio. Una cappella è una piccola chiesa o una stanza all'interno di un edificio (come un ospedale o un castello) dove si prega. Una basilica è una chiesa molto importante e grande. Ha un titolo speciale dato dal Papa, come la Basilica di Sant'Ambrogio presente nella leggenda, oppure un'altra basilica è quella di San Pietro in Vaticano. Un duomo è la chiesa principale di una città. È spesso molto grande e bella, come ad esempio il Duomo di Milano, oppure quello di Firenze, che ha un campanile bellissimo.

1. Qual è la differenza tra una chiesa e una basilica?

....

....

2. Dove è possibile trovare una cappella?

....

....

3. Come si chiama la chiesa più grande di Milano?

....

....

ESERCIZIO 3: Scrivi tutti i verbi infiniti che trovi nel testo della Leggenda sulla Colonna del Diavolo:

Write all the infinitive verbs you can find in the text about the legend.

	to renounce
	to slam
	to hear
	to glimpse

Attenzione! *Be careful!* In italiano ci sono diversi verbi che derivano dal verbo "vedere". Ecco alcuni esempi:

In Italian there are different verbs that come from the verb "vedere" (to see). Here you can find some examples:

- Prevedere: *to predict, to forecast.*

- Provvedere: *to provide, to supply.*

- Rivedere: *to see again, to review.*

- Stravedere: *to adore.*

ESERCIZIO 4: Completa le frasi con i verbi composti di "vedere" al tempo presente.

Complete the sentences with the verbs that come from "vedere" at the present tense.

1. Il meteo .... che nel pomeriggio ci sono almeno 25 gradi.

2. Maria e Fabio .... per i loro nipoti: li portano sempre a mangiare il gelato, ogni domenica, e li riempiono di regali.

3. .... (io) a portare le posate usa e getta (*disposable cutlery*)!

4. Tra poco voi .... i vostri parenti alla cena di Natale.

Ci sono anche altri verbi che hanno i loro verbi derivati.

There are also other verbs that come from other verbs.

Per esempio a partire da "fare": *For example, from "fare" (to do, to make):*

- Rifare: *to do again, to make again;*

- Strafare: *to overdo.*

- Soddisfare: *to satisfy, to fulfil.*

- Disfare: *to undo, to un pack.*

A partire da "dire": *From "dire" (to say):*

- Disdire: *to cancel.*

- Benedire: *to bless.*

- Maledire: *to curse.*

- Contraddire: *to contradict.*

- Ridire: *to object.*

ESERCIZIO 5: Scegli il verbo corretto.

Choose the correct verb.

1. Ho dovuto rifare/disfare il compito un'altra volta perché non avevo capito una cosa.

2. Devo contraddire/disdire il nostro appuntamento perché ho avuto un imprevisto.

3. Non ho niente da ridire/benedire: hai fatto un lavoro fantastico!

4. Dobbiamo disfare/strafare le valigie, così poi possiamo fare il bucato. (Fare il bucato: *to do the laundry*)

ESERCIZIO 6: Trova le seguenti parole: cortile, vescovo, centro, calcio, colonna, zolfo, rumore, anime, basilica, cappella, duomo, chiese.

Find the following words: cortile, vescovo, centro, calcio, colonna, zolfo, rumore, anime, basilica, cappella, duomo, chiese.

M	T	C	A	P	P	E	L	L	A	A	M	G
C	Y	A	D	R	A	N	N	O	L	O	C	R
E	I	T	U	K	J	L	A	B	S	Y	R	B
N	S	H	O	G	N	S	D	T	W	E	B	N
T	K	E	M	S	W	E	A	T	S	A	I	D
R	E	R	O	U	L	O	U	H	S	V	C	M
O	G	R	E	C	O	R	T	I	L	E	O	O
Z	O	N	K	I	E	F	L	J	S	S	U	A
M	O	M	C	Y	A	I	E	E	H	C	S	N
A	U	L	T	S	C	E	I	E	R	O	I	I
K	A	N	F	A	E	H	R	K	Y	V	N	M
C	R	A	N	O	C	A	R	U	M	O	R	E

10. CHI HA INVENTATO LA PIZZA MARGHERITA?

Ma cosa ve lo dico a fare? Siamo a Napoli, ovviamente. E' il 21 Maggio 1889, e il Re Umberto I e la Regina Margherita di Savoia soggiornano alla <u>Reggia</u> di Capodimonte. Convocano a corte un <u>pizzaiolo</u>, Raffaele Esposito, conosciuto per essere il più famoso dell'epoca, ed insieme alla moglie, Maria Giovanna Brandi, hanno il compito di preparare la pizza. Preparano tre pizze, e una di queste è guarnita con pomodoro e mozzarella, e Maria Giovanna aggiunge le <u>foglie</u> di basilico. Questa pizza è apprezzata particolarmente dalla Regina perchè ha i tre colori della <u>bandiera</u> sabauda, il rosso del pomodoro, il bianco della mozzarella e il verde del basilico. Quando la Regina chiede il nome della pizza, mai assaggiata prima d'ora, Raffaele risponde "Margherita", in suo onore. Da quel momento la pizza margherita comincia ad essere preparata e diventa famosa.

E voi, amate la pizza margherita?

This next one is about a very famous type of pizza, so of course there is a story with italian origins, to it! It is May 21, 1889 in Naples, Italy and King Umberto I and Queen Margherita di Savoia are staying at the <u>Royal Palace</u> of Capodimonte. They summon to court a <u>pizza maker</u>, Raffaele Esposito, known to be the most famous of the time. Together with his wife, Maria Giovanna Brandi, they are tasked with making pizza for the King and Queen. They prepare three pizzas, one of which is garnished with tomato, mozzarella, and Maria adds basil <u>leaves</u>. This pizza is especially appreciated by the Queen because it has the three colors of the Savoy <u>flag</u>, the red of the tomato, the white of the mozzarella, and the green of the basil. When the Queen asks the name of the pizza, which she has never tasted before, Raffaele replies "Margherita," in her honor. From that moment on, this new type of pizza is known as pizza margherita.

What about you, do you like margherita pizza?

CHI HA INVENTATO LA PIZZA MARGHERITA? - esercizi

ESERCIZIO 1: Completa le definizioni con le seguenti parole: Reggia, pizzaiolo, foglie, bandiera.

Complete the definitions with the following words: Reggia, pizzaiolo, foglie, bandiera.

A. Si possono trovare sugli alberi e nei cespugli: ....

B. E' una residenza regale: ....

C. E' il simbolo di una Nazione: ....

D. La persona che prepara la pizza: ....

ESERCIZIO 2: Vero o falso?

True or false?

1. Il Re e la Regina visitano Napoli in autunno.

VERO FALSO

2. Margherita è il nome della moglie del pizzaiolo Raffaele.

VERO FALSO

3. La pizza margherita è chiamata così in onore della Regina.

VERO FALSO

4. All'epoca non c'era ancora la bandiera italiana.

VERO FALSO

ESERCIZIO 3: Scegli la preposizione corretta.

Choose the correct preposition.

COME PREPARARE LA PIZZA A CASA

Se vuoi preparare una deliziosa pizza, metti 250 grammi di/da farina in una ciotola. In/a un'altra ciotola, sciogli 10 grammi di lievito di birra fresco e un cucchiaino di zucchero in 150 millilitri di acqua tiepida. Quando il lievito è sciolto, aggiungi l'acqua alla farina, poi unisci un cucchiaino di sale e due cucchiai di olio d'oliva. Mescola fino per/ad avere un impasto liscio e omogeneo.

Copri l'impasto con un panno e lascialo riposare da/per una o due ore, fino a quando non sarà raddoppiato di volume. Intanto, preriscalda il forno a/di 220°C. Quando l'impasto è lievitato, stendilo a/su una teglia.

Spalma la salsa di pomodoro sull'impasto steso. Aggiungi la mozzarella a pezzetti e gli ingredienti che preferisci, come il prosciutto, ad esempio. Metti la pizza nel/al forno caldo e cuocila per 15-20 minuti, finché la crosta sarà dorata e il formaggio ben fuso. Quando la pizza è pronta, toglila del/dal forno, tagliala a fette e servila calda. Buon appetito!

Ciotola: *bowl.*
Lievito: *yeast.*
Tiepida: *warm.*
Sciolto: *melted.*
Impasto: *dough.*
Liscio: *smooth.*
Panno: *towel.*
Intanto: *meanwhile.*
Teglia: *baking tray.*
Spalma: *spread.*
Crosta: *crust.*

ESERCIZIO 4: Completa il cruciverba, con le lettere evidenziate scoprirai il nome di una delle isole davanti a Napoli.

Complete the crossword puzzle. With the highlighted letters, you will discover the name of one of the islands in front of Naples.

1. Il nome della Reggia dove hanno soggiornato il Re e la Regina nel 1889, Reggia di ....

2. Il contrario di "tutti".

3. La regione di Napoli

4. Il plurale di "gioco".

5. Il nome della professione di chi fa la pizza.

6. Il plurale di "uovo".

Un'isola davanti a Napoli è ....

ESERCIZIO 5: Indovina la risposta!

Guess the answer!

Perché si dice "vedi Napoli e poi muori"?

A. Perché c'è una maledizione a Napoli.

B. Perché dopo aver visto tanta bellezza a Napoli, si può morire soddisfatti.

La risposta corretta è la B! "Vedi Napoli e poi muori" esprime l'idea che vedere Napoli sia un'esperienza così straordinaria e appagante da poter essere considerata uno dei momenti culminanti della vita.

ESERCIZIO 6: Collega il nome con la descrizione.

Connect the name to the description.

1. Pompei

2. Piazza del Plebiscito

3. Spaccanapoli

4. Castel dell'Ovo

5. Teatro di San Carlo

6. Quartieri Spagnoli

7. Napoli Sotterranea.

A. Area storica di Napoli, fatta da strade strette e vivaci.

B. Rovine di una città che è stata colpita dall'eruzione del Vesuvio nel 79 d.C. (dopo Cristo).

C. Antico castello sul mare, che si affaccia sul Golfo di Napoli.

D. Grande piazza nel centro di Napoli che ospita il Palazzo Reale.

E. Serie di tunnel e grotte sotto la città di Napoli.

F. Antico teatro dell'opera di Napoli.

G. Strada lunga nel centro storico di Napoli che divide la città in due parti.

SOLUZIONI - ANSWER KEY

1. LA LEGGENDA DEL MUNACIELLO.

ESERCIZIO 1:

1. I pozzari sono persone che nel passato salivano dal **sottosuolo**, e rubavano o dimenticavano degli oggetti in giro per casa. All'epoca, questa figura lavorava nelle **fogne**, e si occupava della **manutenzione** e **gestione** di esse.

2. Il presunto papà del Munaciello purtroppo è morto a causa di una caduta dal **tetto** mentre stava andando dalla sua fidanzata.

ESERCIZIO 2:

Gnomo, <u>saio</u>, piatti, monete, spuntino, <u>mantello</u>, <u>abito</u>.

ESERCIZIO 3:

1. Casa

2. Umili

3. Paio

4. Pozzaro

5. Piccolo

6. Convento

Soluzione: CUOPPO

ESERCIZIO 4:

Scroccare - rubare; manifestarsi - mostrarsi; dimenticarsi - scordarsi; incontrarsi - vedersi.

ESERCIZIO 5:

1. Il Munaciello può rubare oggetti **di** valore.

2. **Per** alcuni il Munaciello è un demone.

3. Il bambino è vestito con un abito **da** prete.

4. Il Munaciello è **a** Napoli.

ESERCIZIO 6:

1. Luca e Virginia vanno **in** Crozia.

2. Dopo le vacanze, andrò **a** Roma.

3. Sono **a** Torino, vicino al Museo del Cinema.

4. Prima andremo **in** Sicilia e poi verremo **a** Venezia. (*Before we will go to Sicily and then we will come to Venice*).

2. LA LEGGENDA DEL LAURIEDDHU

ESERCIZIO 1:

1. **Pentole**: sono degli utensili utilizzati in cucina per cucinare, ad esempio, la pasta.

2. **Dispetti**: sono delle azioni fastidiose.

3. **Pietre**: potete trovarle durante una passeggiata in montagna.

4. **Folletti**: sono dei personaggi inventati che di solito troviamo nelle storie dei bambini.

ESERCIZIO 2:

1. Falso

2. Vero

3. Vero

4. Falso.

ESERCIZIO 3:

Orecchie, bambino, pancia, desiderio, tesoro.

ESERCIZIO 4:

Innanzitutto, la cucina salentina è famosa in Italia per la sua ricchezza di sapori e tradizioni. **Ad esempio**, uno dei piatti più noti è la puccia salentina, un panino ripieno di vari ingredienti come pomodori, mozzarella e verdure. **Oltre alla** puccia, la cucina salentina offre una vasta gamma di piatti a base di pesce fresco e frutti di mare, grazie alla sua posizione vicino al mare. **Inoltre**, i dolci tradizionali salentini, come il pasticciotto e il dolce tipico "pitta di patate", sono imperdibili per chi visita questa regione del sud Italia.

ESERCIZIO 5:

Cappello a punta; perdere il fiato; esprimere un desiderio; dare la possibilità.

ESERCIZIO 6:

1. Il Laurieddhu viene dal Salento.

2. Il Salento è la parte più a sud della Puglia.

3. Il Salento ha delle spiagge magnifiche.

4. Le cagne sono un tipo di pasta salentina.

5. In Salento ci sono tanti campi di ulivi.

3. LE LEGGENDE SULLA FONTANA DI TREVI

ESERCIZIO 1:

1. Quando due persone si amano hanno un **matrimonio**.

2. Quando due **vie** si incontrano creano un **incrocio**.

3. Quando vogliamo lavare un cane piccolo possiamo usare una **vasca**.

ESERCIZIO 2:

1. Innamorati

2. Architetto

3. Travertino

4. Tanto

5. Barbiere

6. Martedì

7. Famosi

8. Bere

9. Monetina

Soluzione: MANNARINO.

ESERCIZIO 3:

Roma è una città grande che offre tanti punti **di** interesse da visitare, e anche tante cosa buone **da** mangiare!! Dovete assolutamente fare colazione con un maritozzo, un dolce tipico **della** Capitale, e a pranzo la pasta è d'obbligo! Ma Roma è famosa anche **per** la cucina ebraico romana, che è un mix **di** due cucine e uno **dei** piatti più buoni è senza dubbio il carciofo alla Giuria, **da** mangiare come antipasto, prima, magari, di una buona cacio e pepe.

ESERCIZIO 4:

1. Falso

2. Falso

3. Vero

4. Vero.

ESERCIZIO 5:

A/IN Roma ci sono DALLE/**DELLE** espressioni idiomatiche tipiche: la prima, forse la più famosa è "daje" A/**DA** usare un po' come usiamo "dai!", per incitare o incoraggiare qualcuno a fare qualcosa, ad esempio.

Un'altra espressione famosa è "eccallà!", che è un po' come l'italiano "eccola là", ed è usare succede qualcosa DA/**DI** spiacevole che si aveva previsto. Tante volte, invece, potete sentire i romani che dicono ""na cifra", che ha lo stesso significato di "molto", ad esempio: "Ti piace Roma?" "Sì, 'na cifra!".

ESERCIZIO 6:

Alcuni esempi di frasi con qualcosa di + aggettivo:

1. Sto cercando qualcosa di dolce da offrire ai miei ospiti stasera.

2. Vorrei qualcosa di speciale da regalare a mia mamma.

3. Cerchiamo qualcosa di bello da fare stasera.

4. LA LEGGENDA DEL PANETTONE

ESERCIZIO 1:

1.C, 2.B, 3.C, 4.C, 5.A.

ESERCIZIO 2:

Disperato - sconfortato; proporre - fare una proposta; suggerire - consigliare; rivolgersi - parlare a qualcuno; in precedenza - precedentemente; chiedere - domandare.

ESERCIZIO 3:

Gli struffoli sono delle deliziose palline di pasta dolce preparate con una **miscela** di zucchero, uova, farina, strutto e un **tocco** di liquore. Dopo la cottura in abbondante olio caldo, le palline sono poi saltate in **padella** con miele e zucchero. Quando diventano freddi, gli struffoli sono disposti su un vassoio e **decorati** con frutta candita e piccoli confetti di zucchero colorati. L'origine della parola non è chiaro, ma si pensa che il termine "struffolo" derivi dall'espressione greca 'strongoulos' che significa 'arrotondato'. Altri, invece, poi credono che il nome si riferisca al fatto che il dolce 'strofina' la bocca poiché delizia il palato con il suo buon **sapore**.

ESERCIZIO 4:

1. Duca

2. Garzone

3. Bruciato

4. Trovare

5. Capodanno

6. Cotechino

7. Regali

8. Cenone

9. Babbo

Soluzione: COTECHINO.

ESERCIZIO 5:

Il presepe è una tradizione molto importante **in** Italia durante il Natale. È una rappresentazione speciale che racconta la storia della nascita **di** Gesù bambino. Nel presepe, ci sono **delle** piccole statue, chiamate "statuine", che rappresentano la famiglia di Gesù e le persone intorno **a** lui.

ESERCIZIO 6:

1. Dobbiamo preparare degli antipasti per il cenone di Capodanno: dobbiamo preparare **qualche antipasto** per il cenone di Capodanno; dobbiamo preparare **alcuni antipasti** per il cenone di Capodanno.

2. Abbiamo avuto dei problemi con le luci di Natale: abbiamo avuto **qualche problema** con le luci di Natale; abbiamo avuto **alcuni problemi** con le luci di Natale.

3. Hai già comprato delle statuine per il presepe? Hai già comprato **qualche statuina** per il presepe? Hai già comprato **alcune statuine** per il presepe?

4. Valentina fa parte del coro e ha cantato delle canzoni di Natale: Valentina fa parte del coro e ha cantato qualche canzone di Natale; Valentina fa parte del coro e ha cantato **alcune canzoni** di Natale.

5. LA BEFANA

ESERCIZIO 1:

Scopa: oggetto usato per pulire il pavimento.

Camino: dove, in casa, c'è il fuoco.

Carbone: la befana dà questo ai bambini "monelli".

Calze: si indossano prima delle scarpe.

Sacco: lo riempie la Befana con i dolci.

Re Magi: chiedono indicazioni alla Befana.

ESERCIZIO 2:

1. Vero

2. Falso

3. Falso

4. Vero.

ESERCIZIO 3:

In Italia, particolarmente in alcune zone del nord-est come il Veneto, esiste la **tradizione** di "bruciare" la Befana. Questo **gesto** simboleggia la conclusione dell'anno appena terminato, dalle cui **ceneri** prenderà vita il nuovo anno. Si ritiene che questa cerimonia abbia **origini** celtiche; infatti, in quel periodo dell'anno, i Celti incendiavano un manichino che raffigurava il passato per ottenere il **favore** delle divinità.

ESERCIZIO 4:

1.A, 2.B.

ESERCIZIO 5:

1.C, 2.A, 3.B, 4.C.

ESERCIZIO 6: **I DOLCI TIPICI DI CARNEVALE IN LOMBARDIA (: LA REGIONE DI MILANO)**

Il dolce in assoluto più diffuso sono **le** chiacchiere, che a Milano non sono fritte ma sono cotte nel forno. E a Milano ci sono anche **i** tortelli milanesi, che però sono fritti. A Bergamo ci sono **le** gale, che sono delle strisce di pasta annodate fritte; a Pavia, oltre al dolce fritto tipico, si aggiunge **la** crema pasticcera, invece a Crema ci sono **le** castagnole e **i** chisulì, che hanno al loro interno **l'**uvetta e **le** mele.

6. LA LEGGENDA DEL FANTASMA DI BARDI

ESERCIZIO 1:

Negli ultimi anni, al castello di Bardi, ci sono stati diversi **avvistamenti** di un **fantasma** che sarebbe l'**anima** di Moroello, che insieme ai suoi **cavalieri** aveva combattuto contro le **truppe** nemiche e in segno di vittoria, aveva indossato l'**armatura** dell'avversario, così facendo però la sua amata lo ha creduto morto e quindi si è suicidata. Una volta che Moroello lo scopre, decide di togliersi la vita anche lui.

ESERCIZIO 2:

1. Romagna
2. Feudatario
3. Soleste
4. Impossibile
5. Aprire
6. Paese
7. Re
8. Nemico
9. Cavallo
10. Ombrello
11. Vinto

Soluzione: GROPPARELLO.

ESERCIZIO 3:

Galoppare - modo veloce in cui si muove il cavallo.

Accarezzare: fare delle carezze al cavallo.

Montare: salire su un cavallo.

Spazzolare: usare la spazzola sul mantello del cavallo.

Sellare: mettere la sella sul cavallo.

Addestrare: insegnare i comandi al cavallo.

ESERCIZIO 4:

1. Quando ho tempo voglio visitare il castello! **Lo**/la/li vuoi visitare con me?

2. Ho tanto tempo, vorrei preparare una torta, come lo/**la**/le preferisci?

3. Daniele **mi**/ti/vi ha chiamato prima ma ho il cellulare in silenzioso, **lo**/la/li chiamerò dopo!

4. **Vi**/ti/gli piace vivere qui? Sì, ci piace molto!

ESERCIZIO 5:

1. Non so ancora il risultato dell'esame ma **lo** scoprirò presto!

2. Hai chiamato Luca e Sara? Non **li** ho ancora chiamati ma lo farò presto!

3. Non ho ancora trovato i regali da fare ai miei genitori per Natale, e tu **li** hai già acquistati?

4. Devo comprare delle arance ma non so se **le** hanno al supermercato perché non è più stagione!

5. Non vedo Maria da diverso tempo e non **la** sento quasi mai per telefono, credo che sia davvero occupata ultimamente!

6. Hai preso le caramelle? Sì, **le** ho acquistate due giorni fa.

ESERCIZIO 6:

1. La barca è qui e il pittore **la** sta restaurando.

2. Devo comprare il pane? No, **l'**ho (lo + ho: l'ho) già comprato io!

7. LA LEGGENDA DEL PONTE GOBBO DI BOBBIO

ESERCIZIO 1:

A Bobbio c'è una struttura che è frutto di un **inganno** che San Colombano ha fatto nei confronti del Diavolo. Questa struttura è un **ponte** che collega le due sponde del **fiume**, e secondo la leggenda questo ponte è diventato **gobbo** quando il Diavolo si è accorto che il Santo non aveva rispettato il **patto**, per cui avrebbe dovuto ricevere l'anima della prima persona che avrebbe camminato sul ponte.

ESERCIZIO 2:

Considerato - ritenuto; insolito - inusuale; accessibile - raggiungibile; patto - accordo; attraversato - oltrepassato; particolare - peculiare.

ESERCIZIO 3:

Alcuni esempi di frasi:

- Peculiare: Venezia è una città peculiare perché per muoversi si devono usare le barche.

- Accordo: l'azienda ha raggiunto un accordo con il partner.

- Inusuale: è molto inusuale trovare dei supermercati aperti fino a tardi.

ESERCIZIO 4:

La cucina piacentina è molto rinomata: uno dei piatti più popolari è *pisarei e fasö*: i pisarei sono una pasta fatta a mano **simile a** dei piccoli gnocchi, e questi sono accompagnati da un sugo di fagioli (*fasö* in dialetto piacentino) e pancetta. **Un altro** primo piatto tipico della zona di Piacenza è un tipo di pasta ripiena: i tortelli con la coda, che hanno al loro interno ricotta e spinaci. I salumi sono i protagonisti in questa zona: salame, coppa e pancetta. **Tutti** questi salumi sono protetti dal marchio DOP (Denominazione di Origine Protetta), che garantisce la loro qualità e origine.

Per quanto riguarda i dolci, la protagonista indiscussa è la *sbrisolona*, fatta con farina di mais, farina di frumento, zucchero, burro e mandorle. La sua consistenza è friabile e si spezza facilmente in pezzi irregolari.

ESERCIZIO 5:

1. Falso

2. Falso

3. Vero

4. Vero

ESERCIZIO 6:

1. Vorrei provare a preparare la sbrisolona: **la** porterei a casa di Lucia per la cena di stasera.

2. Voglio provare la ricetta che mi hai nominato, dove **la** posso trovare?

3. Domani Luca e Giovanni avranno un esame, ora **li** chiamo per dirgli "buona fortuna!".

4. **Vi** chiamo appena riesco, sarete a casa tutto il pomeriggio, vero?

5. Non ho ancora trovato le scarpe, **le** hai viste in giro?

6. Non ho ancora fatto una recensione a quell'hotel, cosa dici, **la** faccio ora?

8. LA LEGGENDA DEL RIFRULLO DEL DIAVOLO

ESERCIZIO 1:

A. Pregare

B. Prete

C. Duomo

ESERCIZIO 2:

1. Fiorentino

2. Rincorrere

3. Basso

4. Stadio

5. Lontano

6. Leggero

7. Isola

8. Toscana

9. Uova

Soluzione: RIBOLLITA.

ESERCIZIO 3:

1. Questo anello è troppo largo per me: le mie **dita** sono molto sottili.

2. Devo smettere di comprare scarpe nuove: ho almeno dieci **paia** di scarpe che non uso mai!

3. Le **città** del nord d'Italia sono piuttosto diverse da quelle del sud.

4. Dopo una caduta, il corridore ha smesso di fare la maratona a causa del suo **ginocchio** infortunato.

5. Ieri c'era un bel sole, quindi abbiamo preso le **bici** e siamo andati a farci un giro per qualche **miglio**.

ESERCIZIO 4:

In occasione del Patrono di Firenze, San Giovanni Battista, a giugno, **a** Firenze si gioca il Calcio Storico Fiorentino, che è uno sport che combina elementi di calcio, rugby e lotta. Le partite sono **in** Piazza Santa Croce, dove viene allestito un campo di sabbia. Ci sono quattro squadre, ognuna rappresenta un quartiere storico **di** Firenze: Santa Croce (Azzurri), Santo Spirito (Bianchi), Santa Maria Novella (Rossi) e San Giovanni (Verdi). Ogni squadra ha 27 giocatori, che si affrontano **per** 50 minuti. L'obiettivo è segnare più punti possibili, portando la palla nella rete avversaria. Chi vince riceve una mucca bianca come premio simbolico.

ESERCIZIO 5:

1. Ogni squadra ha 27 giocatori.

2. Piazza Santa Croce è il campo dove giocano e diventa un campo di sabbia.

3. Perché ognuno rappresenta un quartiere storico di Firenze.

ESERCIZIO 6:

A.

9. LA LEGGENDA SULLA COLONNA DEL DIAVOLO

ESERCIZIO 1:

A. Foro

B. Scomparso

C. Stige.

ESERCIZIO 2:

1. La chiesa è un termine generico che indica l'edificio dove pregano i cristiani. La Basilica è una chiesa grande, che ha ricevuto questo titolo speciale dal Papa.

2. In un ospedale o in un castello.

3. Il Duomo di Milano.

ESERCIZIO 3:

Rinunciare, sbattere, sentire, intravedere.

ESERCIZIO 4:

1. Il meteo prevede che nel pomeriggio ci sono almeno 25 gradi.

2. Maria e Fabio stravedono per i loro nipoti: li portano sempre a mangiare il gelato, ogni domenica, e li riempiono di regali.

3. Provvedo (io) a portare le posate usa e getta (disposable cutlery)!

4. Tra poco voi rivedete i vostri parenti alla cena di Natale.

ESERCIZIO 5:

1. Ho dovuto **rifare**/disfare il compito un'altra volta perché non avevo capito una cosa.

2. Devo contraddire/**disdire** il nostro appuntamento perché ho avuto un imprevisto.

3. Non ho niente da **ridire**/benedire: hai fatto un lavoro fantastico!

4. Dobbiamo **disfare**/strafare le valigie, così poi possiamo fare il bucato.

ESERCIZIO 6:

M	T	C	A	P	P	E	L	L	A	A	M	G
C	Y	A	D	R	A	N	N	O	L	O	C	R
E	I	T	U	K	J	L	A	B	S	Y	R	B
N	S	H	O	G	N	S	D	T	W	E	B	N
T	K	E	M	S	W	E	A	T	S	A	I	D
R	E	R	O	U	L	O	U	H	S	V	C	M
O	G	R	E	C	O	R	T	I	L	E	O	O
Z	O	N	K	I	E	F	L	J	S	S	U	A
M	O	M	C	Y	A	I	E	E	H	C	S	N
A	U	L	T	S	C	E	I	E	R	O	I	I
K	A	N	F	A	E	H	R	K	Y	V	N	M
C	R	A	N	O	C	A	R	U	M	O	R	E

10. CHI HA INVENTATO LA PIZZA MARGHERITA?

ESERCIZIO 1:

A. Foglie

B. Reggia

C. Bandiera

D. Pizzaiolo

ESERCIZIO 2:

1. Falso

2. Falso

3. Vero

4. Vero

ESERCIZIO 3:

Se vuoi preparare una deliziosa pizza, metti 250 grammi **di**/da farina in una ciotola. **In**/a un'altra ciotola, sciogli 10 grammi di lievito di birra fresco e un cucchiaino di zucchero in 150 millilitri di acqua tiepida. Quando il lievito è sciolto, aggiungi l'acqua alla farina, poi unisci un cucchiaino di sale e due cucchiai di olio d'oliva. Mescola fino per/**ad** avere un impasto liscio e omogeneo.

Copri l'impasto con un panno e lascialo riposare da/**per** una o due ore, fino a quando non sarà raddoppiato di volume. Intanto, preriscalda il forno **a**/di 220°C. Quando l'impasto è lievitato, stendilo a/**su** una teglia.

Spalma la salsa di pomodoro sull'impasto steso. Aggiungi la mozzarella a pezzetti e gli ingredienti che preferisci, come il prosciutto, ad esempio. Metti la pizza **nel**/al forno caldo e cuocila per 15-20 minuti, finché la crosta sarà dorata e il formaggio ben fuso. Quando la pizza è pronta, toglila del/**dal** forno, tagliala a fette e servila calda. Buon appetito!

ESERCIZIO 4:

1. Capodimonte

2. Nessuno

3. Campania

4. Giochi

5. Pizzaiolo

6. Uova

Soluzione: ISCHIA.

ESERCIZIO 5:

B.

ESERCIZIO 6:

1.B, 2.D, 3.G, 4.C, 5.F, 6.A, 7.E.

Grazie per aver acquistato e letto il mio libro!

Thank you for buying and reading my book!

Per qualsiasi domanda: *For any questions:* learnandloveitalian@gmail.com

Mi trovate su Instagram: *You can find me on Instagram:* @learnandloveitalian

E su Youtube: *And on Youtube:* @learnandloveitalian

Grazie ancora!!

Mirea

Made in the USA
Thornton, CO
09/06/24 00:09:04

3768e784-ba94-44a1-bf43-c1596a3dca5dR01